U0057798

生氣了，怎麼辦？

情緒管理學習手冊

作者　呂俐安
繪者　謝聆韻

心理出版社

一個晴朗的星期天，名達、爸爸、媽媽及妹妹一家人到美術館看展覽。熱愛畫畫的妹妹看得很起勁，名達卻對藝術興趣缺缺，一直喊無聊，心裡碎碎唸著：「這麼難得的假日在家打電動多好，來這種地方真是無趣。」

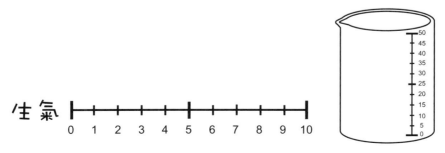

回到家洗完澡、收拾好書包，離上床時間還有 30 分鐘，名達想到一整天都沒有打電動，於是向媽媽吵著要玩 30 分鐘，心裡想：「這已經是很小的要求了吧！」沒想到，媽媽說這星期可以打電動的時間都已經用完了，建議他可以看故事書。

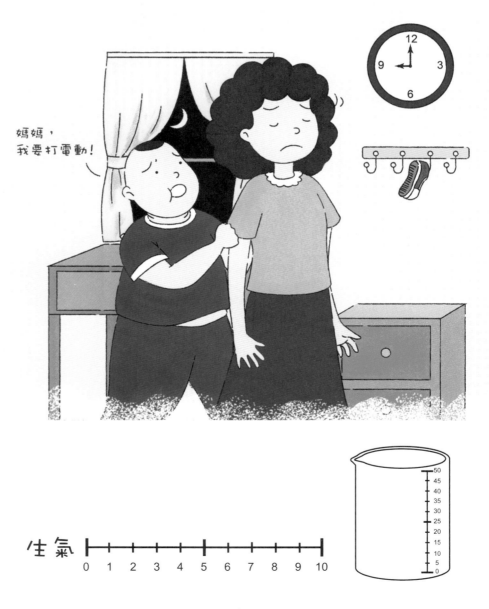

操弄性的情緒

名達吵著說：「只玩半個鐘頭就好，因為今天都沒有打到電動。」但是媽媽堅持說不行，雙方都不肯讓步，名達大聲嚷嚷著一定要玩，內心相信只要鬧大一點，媽媽就會同意，因為一直以來想要什麼，只要哭鬧，媽媽到最後都會答應。但這一次不知道為什麼，媽媽竟然這麼堅持，母子為了這件事爭吵不休，最後爸爸氣得出來喝斥：「再吵我就修理你！」爸爸生氣的樣子有點恐怖，名達不敢再吭聲，心不甘、情不願地回到自己的房間。

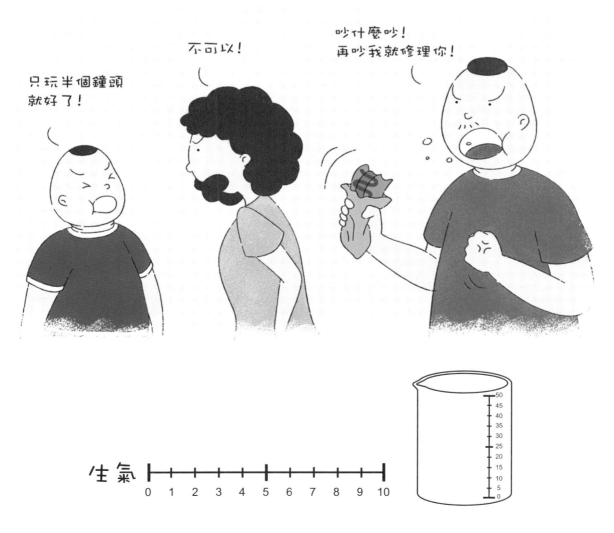

混合情緒：同時有兩種以上情緒

　　名達一頭鑽進被窩裡，又氣憤又委屈地啜泣著，一方面抱怨著玩電動的時間太少，另一方面也很訝異媽媽為什麼不再像以前那樣順著他的意，哭著哭著，不知不覺就睡著了……。

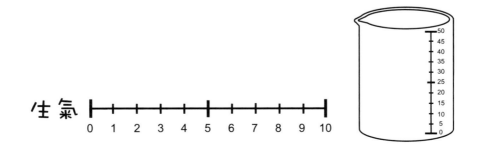

第二天早上 6：30，鬧鐘響了，名達睡眼惺忪地起來按掉鬧鐘倒頭又繼續睡，媽媽過來催促他快點起床，名達不悅地抵抗著，爸爸忍不住又說了：「要遲到了，再不起來試試看！」名達不情願地起床，隨便吃了早餐，嘟著嘴出門上學去。

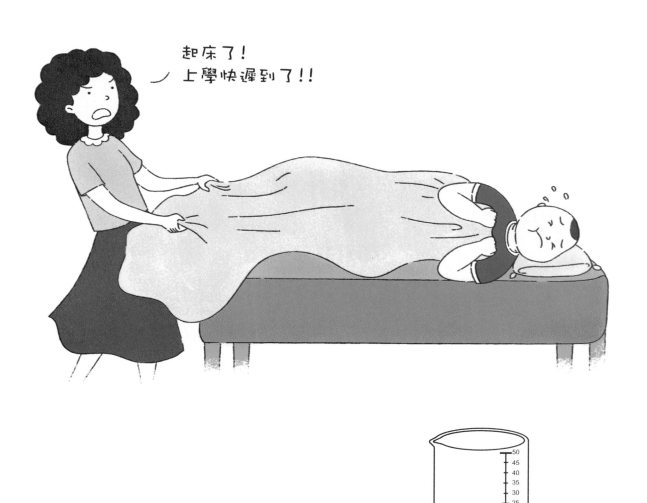

一到校門口，名達就看到死對頭力剛又在捉弄班上的女同學，心裡想著：「真是幼稚！」

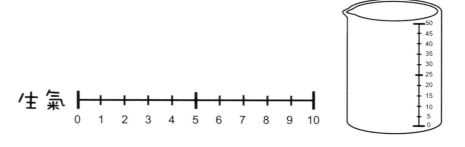

生氣

上體育課玩躲避球，球不小心打到名達的頭，名達正準備把球丟回去，來個以牙還牙，但小莉馬上出來主持公道，要對方立刻向名達道歉，所以名達勉強忍了下來。

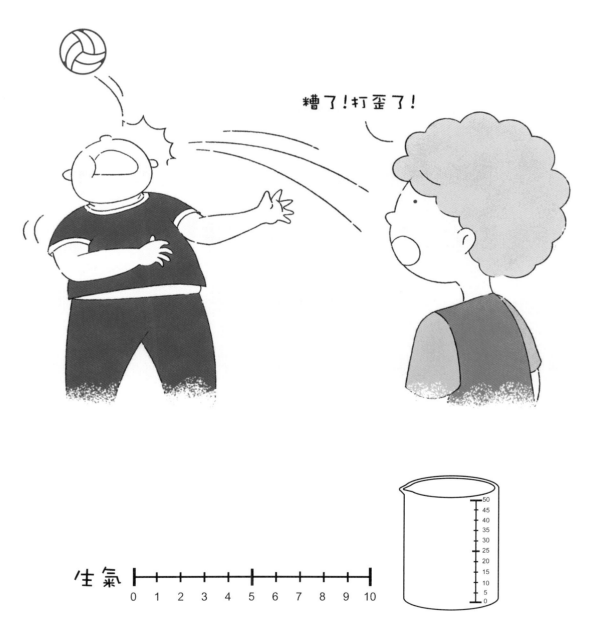

下課時，力剛跑過來指著名達說：「還不是因為你太胖跑不動，才會被球丟到，真是名符其實的『胖呆』，哈哈哈！」

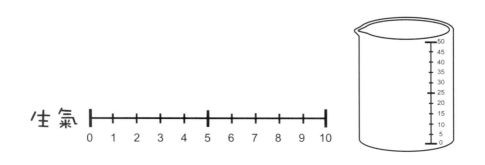

此時，名達只覺得全身緊繃，像要爆開的炸彈一樣，氣沖沖地跑向教室，抓起力剛的作業本死命地撕，將作業本都撕破了……。

發飆是什麼？
意思是感覺氣到要爆炸了，但事實上則是自己的理智尚未啟動，所以唯一可以做的事就是「爆發」。

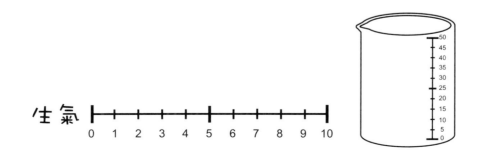

老師把名達和力剛一起找來，仔細聽完了雙方的說詞，了解整件事的來龍去脈，於是要求力剛向名達道歉。

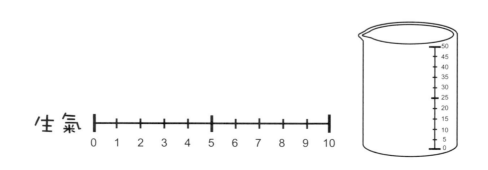

力剛向名達道歉後，老師處罰名達寫悔過書及勞動服務（幫忙倒垃圾），又說因為這已經是名達第四次失控了，所以他得去上情緒管理的課程。

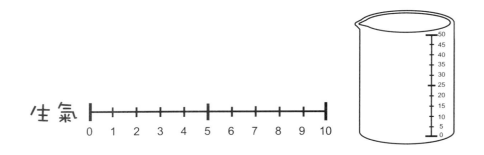

生悶氣

　　名達很不甘心，心裡生著悶氣：「是力剛先嘲笑我的，明明是他的錯，為什麼我要被處罰，老師真的很不公平……。」坐在隔壁的小哲看見了，輕聲地對名達說他之前也去上過課，雖然有時候會有點無聊，但那邊的老師都很好，且脾氣變好的話，人緣也會變好，加上裡面其實有好多同學是很聰明的……。名達聽了有點不敢相信。

面對情緒的態度

　　幫名達上課的徐老師，態度溫和又堅定，是一位兒童心理專家。但一開始名達並不高興，心想：「我又沒問題，幹嘛要來上課～」他一臉的不悅，歪著頭、嘟著嘴、翹著下巴、還斜著眼……。

　　徐老師問：「名達，你不開心、生氣了嗎？」

　　名達：「沒有啊！我哪有不開心，我沒有生氣。」

　　徐老師從抽屜裡拿出一張圖，上頭畫著：頭上冒著煙、緊咬著牙的小琪對著老師說：「我～沒～有～生～氣。」

　　徐老師問：「你知道小琪為什麼會這麼說嗎？我們一起來猜猜看。」

□小琪沒有感覺到自己生氣了。

□小琪認為生氣是不好的，想要把生氣變不見。

□小琪知道自己生氣了，但不想對別人承認她正在生氣。

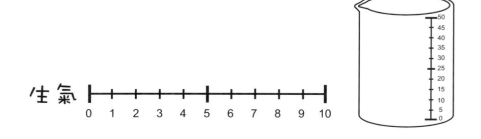

覺察情緒與接納情緒

　　徐老師說：「這三種狀況其實每個人或多或少都會有，情緒管理的第一步就是要知道自己面對情緒的態度，也能覺察到自己內心的感覺，並且進一步知道這些情緒的名稱，例如：是生氣？嫉妒？還是厭煩？接納自己真正的樣子，然後再學習用適當的方式表達出來，如此才不會被情緒所困擾。記住：情緒是每個人都會有的自然反應，沒有好壞與對錯，只要我們能用正確的態度來面對，情緒就不會是問題。」

情緒的表達

　　接著，徐老師很有耐心的聽完名達敘述跟力剛之間發生的衝突，還有以前種種不公平、受委屈的事。除了用說的，徐老師還用了其他的方式，如黏土、玩偶，或是畫圖等，來幫助名達表達他的情緒。對於自己內在的委屈、憤怒與不安能夠被了解與接納，感覺真的很棒！

原始的情緒表達方式：壓抑與直接宣洩

徐老師問：「名達，平時你生氣時，都會怎麼做？」

名達：「我都會先忍耐，但忍一段時間就會受不了，然後就爆發了，我也不喜歡這樣，但是真的不知道該怎麼辦。」

徐老師：「你只是還沒找到適當地表達生氣的方法而已。」

我的塗鴉牆：把生氣畫出來

提升改變的動機

　　接著，徐老師讓名達了解自己希望成為什麼樣的人。名達知道自己也想成為大家喜歡的樣子，希望自己的情緒控制可以好一些，老師也讓名達明白自己仍然是個好孩子。

　　下課後，名達開心地哼著歌回去教室，在走廊碰到力剛時，名達心想：「奇怪，今天的力剛好像不怎麼令人討厭。」

將你想要的樣子打✓

大家喜歡的人

大家不喜歡的人

17

情緒地雷

　　第二次上課，徐老師對名達說：「每個人都有自己最無法忍受的事，碰到這樣的事很容易讓我們失控，這個稱為『情緒地雷』。為了幫助我們能控制得好一點，首先我們得先了解自己的情緒地雷是什麼。」徐老師拿起一張清單，要名達一一寫下對每一件事的心情，然後圈選名達最想改變的是哪一項。

情緒地雷

請在方格內寫下會讓自己生氣的程度，並圈選最想改變的是哪一項：
「1 沒關係」、「2 有點煩」、「3 很煩」、「4 生氣」、「5 很生氣」、「6 氣炸了」。

☐ 被同學排擠	☐ 事情不順己意	☐ 被管、被罵
☐ 被挑釁	☐ 被不公平對待	☐ 被干擾
☐ 被冤枉、誤會	☐ 別人不講信用	☐ 想做好的事沒做好
☐ 被拒絕、被背叛	☐ 被取笑、捉弄	☐ 其他

接著，徐老師說：「下一步就是要能察覺到自己失控了！」所以徐老師讓名達明白自己失控時是什麼樣子。

直接宣洩情緒的方式

失控的時候你會如何表現呢？請將你會有的反應打✓。

大哭大叫
☐在家裡　☐在學校

摔東西、捶牆壁
☐在家裡　☐在學校

罵人、吵架
☐在家裡　☐在學校

打人、傷害自己
☐在家裡　☐在學校

鬧脾氣（吵鬧）
☐在家裡　☐在學校

躲起來
☐在家裡　☐在學校

衝出教室亂跑
☐在家裡　☐在學校

不反應
☐在家裡　☐在學校

其他
☐在家裡　☐在學校

徐老師也跟名達討論各種情緒紓解的方法。名達才知道，原來生氣時有這麼多可以讓自己緩和下來的方法！

跟生氣好好相處

☐ 做自己喜歡的事（轉移注意力）	☐ 畫畫、塗鴉	☐ 動一動：跑步、打球
☐ 數數、深呼吸、	☐ 找人談一談	☐ 抱一抱、睡覺
☐ 看書、寫下來	☐ 一個人靜一靜	☐ 洗臉、喝杯冷水、泡澡
☐ 用冷靜卡、唸口號	☐ 哭一哭	☐ 其他

冷靜下來，
冷靜下來……

　　徐老師幫名達把適合的紓解方法做了以下的整理，並請名達勾選出適合自己的方法。

情緒紓解的方法

安撫
☐抱一抱（大人抱或是抱玩偶）　☐哭一哭　☐其他＿＿＿＿＿＿

轉移注意力
☐玩玩具　☐塗鴉畫畫　☐聽音樂　☐看故事書　☐其他＿＿＿＿

運動
☐跳跳　☐跑跑　☐打球　☐游泳　☐騎腳踏車　☐其他＿＿＿＿

緩和妙方
☐一個人靜一靜　☐忍者龜　☐紅黃綠燈　☐其他＿＿＿＿＿＿

放鬆
☐數數　☐泡澡　☐深呼吸　☐想喜歡的人事物　☐其他＿＿＿＿

語言表達、思考
☐找人談談　☐寫下來　☐唸口號　☐其他＿＿＿＿＿＿＿＿

爆發前的身體徵兆

　　徐老師還告訴名達，人在失控之前，身體和行為會先有反應，例如：有些人會心跳加快、臉會變紅，或握緊拳頭！如果察覺到這些徵兆，就是該要採取情緒管理的時候了。

- 生理反應

　　□肌肉緊張　□心跳加快　□胃部躁熱（有些人會胃痛）　□呼吸變快

　　□血脈賁張　□臉紅脖子粗　□腦子漲漲的　□其他

- 行為反應

　　□動作變大　□講話音量變大　□板起面孔　□拳頭緊握

　　□咬牙切齒　□想罵人、摔東西　□其他＿＿＿＿＿

了解情緒的來龍去脈

　　最後，徐老師跟名達討論，引發情緒之前會出現什麼想法。徐老師說：「這些想法就像火種一樣，是一連串反應的源頭，所以了解自己的想法十分的重要，因為改變想法就會改變情緒及行為的反應。」

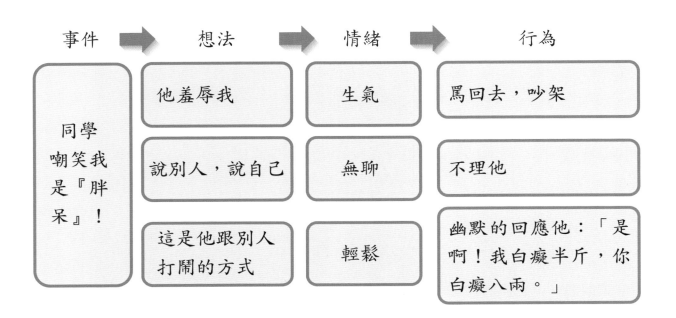

　　換句話說，讓名達生氣的並不是「力剛嘲笑」這個事件，而是名達對這件事的「想法」，如果能夠改變想法，心情也就會不一樣了。

選擇合理的想法

因此，我們要先了解自己原本的想法，思考這個想法合理或不合理，會帶來什麼樣的影響與後果，並保留合理及有利的想法；如果是不合理或不利的想法，則要找到合理的想法來取代，將合理的想法變成一個「口號」。

原本的想法⇒合理的想法⇒建立新口號

請將符合自己的想法或是認同的想法打✓：

當我覺得……	原本的想法	合理的想法 （怎麼想更聰明？ 選出喜歡的想法）	建立新口號
當同學嘲笑我時……	□他太可惡了 □他不喜歡我 □我真的很糟糕 □其他＿＿＿	□是他的問題， 　我不要被影響 □你有你的意見， 　我有我的看法 □不管你怎麼說， 　我喜歡我自己 □說別人，說自己 □其他＿＿＿	「說別人，說自己」

我的情緒地雷是：＿＿＿＿＿＿＿＿＿＿＿＿＿＿＿＿＿＿＿＿＿＿

合理的想法：＿＿＿＿＿＿＿＿＿＿＿＿＿＿＿＿＿＿＿＿＿＿＿＿

新口號：（請重複寫四次）

新口號：	新口號：
新口號：	新口號：

問題解決

　　有時候，徐老師會跟名達編演一些故事，例如：同學又來嘲笑他是「胖呆」時，名達會有什麼反應？

　　名達：「我會很生氣的罵回去。」

　　徐老師：「接下來會怎麼樣？」

　　名達：「他會罵回來。」

　　徐老師：「然後呢？」

　　名達：「可能會吵架或是打起來，然後老師會寫聯絡簿，回家又會被處罰。」

　　徐老師：「這是你想要的結果嗎？」

　　名達：「不是。」

忍者龜

　　徐老師：「如果不是的話，那你可以怎麼做呢？」

　　名達：「我不知道。」

　　徐老師：「想像自己是個足智多謀的人，躲在一個十分安全的龜殼裡，在那裡想想你要的是什麼樣的結果，要怎麼做才能得到你想要的結果，想清楚了再出來。」（忍者龜）

　　名達想了一會兒，說：「我希望可以控制自己不要惹麻煩。我可以裝作沒聽見，或是堅定的告訴對方：『這一點也不好玩』，也可以唸口號：『說別人，說自己』，或是告訴老師。」

　　「做的真好！」徐老師讚許名達，並說：「我們在玩『問題解決』的遊戲，要試著把它運用到生活上，真的很有用喔！」

　　有時候，徐老師也會跟名達玩角色扮演的遊戲，徐老師會扮演同學，故意說名達是「胖呆」，此時名達若沒有失控，而是用唸口號「說別人，說自己」的方式反應，就可以得到一張獎勵卡。一開始，名達一聽到「胖呆」兩個字就會氣得想揍人，但很奇怪的是，玩了幾次之後，「胖呆」兩個字聽起來卻愈來愈不刺耳了，當別人說「胖呆」時，名達愈來愈覺得這是別人的問題了。

自我對話

　　徐老師說名達愈來愈可以控制自己，因為他已經在學習如何自己
監控自己，可以在內心唸口號提醒自己，徐老師說那是「自我對話」。
起初，名達必須大聲地對自己說，漸漸地可以小聲地說，現在大多時
候他可以在內心告訴自己：他有了一個好幫手，而那個幫手就是他自
己。

說別人，
說自己。

陷入情緒

名達問：「老師，為什麼我表妹一哭就會哭很久，都停不下來？」

徐老師說：「常見的情況是，當她得不到想要的東西，又堅持不肯妥協時，情緒就會卡在那裡；另一個情況是，如果她一直有一些負面想法，如『媽媽不愛我了』、『我很可憐』等，這些負面想法也會讓情緒愈陷愈深；還有一種情況是，當她有情緒，如生氣、難過或是害怕時，而她又無法知道自己正在生氣、難過或是害怕，這也會使她容易陷在情緒裡。」

暫停負面想法

名達問：「所以我生氣時，頭腦最好不要有負面想法比較好，是嗎？」

徐老師說：「是的，只要感受你的感覺就好了，但要頭腦不想東西太難了，所以可以用數數的方式來取代想法，同時感受生氣的感覺，跟生氣好好相處，這不容易做到，需要慢慢地練習。」

代幣制

　　徐老師說：「要學習控制自己並不是件容易的事，一開始會需要大人幫忙提醒，或是訂定一些方法來幫助我們控制自己。」於是，徐老師、導師、名達的父母，以及名達一起訂定了「行為檢核表」。

　　如果能做到表上列出的行為，就可以得到點數，

　　當蒐集到 9 個點數時，就可以得到一個小獎勵，

　　當累積到 18 個點數時，就可以得到一個大獎勵。

	星期一	星期二	星期三	星期四	星期五	星期六	星期日
沒有用失控的方式表達情緒							
說一件自己做得不錯的事							
說一件讓自己不開心的事							

你想要的小獎勵是： _____

你想要的大獎勵是： _____

　　同時，大家也一起訂定了「暫時隔離法」，如果名達失控了，就必須被隔離，意思是他必須一個人靜坐一段時間。媽媽在房間角落放置了隔離椅及計時器，如果名達失控了就必須被隔離，直到計時器鈴響為止。

有一天下課，名達聽到力剛正在嘲笑小欣的畫很醜，說她畫的狗長得像隻豬，名達心想小欣一定氣壞了，正想替小欣抱不平。

沒想到小欣的反應卻讓名達嚇了一跳，小欣竟然笑著對力剛說：「謝謝你，我正是要畫一隻很有福相的狗呢！」這下力剛尷尬了，完全不知如何回應，只好很無趣的走開。看到這一幕，讓名達很訝異，她的反應怎麼跟自己想的完全不一樣，但小欣是怎麼做到的？她是真的不生氣？還是裝出來的？

名達忍不住問小欣：「力剛這樣嘲笑妳，妳真的不會生氣嗎？」

小欣：「一開始我也會生氣，自從有一次看到力剛哭著跟老師說他因為不知道怎麼跟同學相處，常常把同學惹惱，心裡很難過。後來，當力剛嘲笑我時，我就一直告訴自己：『這是他的問題，我不要被影響』，然後找一張紙把我的憤怒畫下來，漸漸地我就不那麼生氣，現在已經可以用輕鬆的方式回應他了。」

小欣又說：「我的表姊告訴我，愈成熟懂事的人，愈不會去嘲笑別人或是欺負別人。力剛是因為沒辦法控制自己才會這樣，其實他心裡也很不好受。」

「況且我對自己的畫很有信心，所以更不會被力剛的話所影響，他實在太無聊，想找人鬧鬧才會這樣，所以我也跟他鬧鬧就好了。」

「對了，名達，有時候你氣起來的樣子看起來有點恐怖，我會感到害怕不敢靠近你。」

名達：「因為我就是無法接受別人說我胖。在家裡，我爸媽常對我說因為我太愛吃才會這麼胖，可是我就是忍不住要吃啊！大家都說我很胖，覺得我很糟糕，我也很討厭自己這樣，一想到這裡，我就快發瘋了。」

小欣：「可是在我的眼裡，你是個很善良、喜歡幫助別人的人，我一點都不覺得你糟糕，也不會討厭你，有時還覺得你很可愛。但是，如果你生氣時，不要用那種失控的方式，也許你會對自己感覺更好。事實上，我並不覺得胖或瘦有什麼關係，這世界也不是每個人都希望自己瘦，像日本的相撲選手反而希望自己愈胖愈好。朋友之間容不容易相處，其實是更重要的事。」

也有人希望
胖一點啊！
像日本相撲選手
就是。

小欣：「名達，你對自己有信心嗎？」

名達：「沒有，因為大家都說我胖，又愛生氣。」

小欣：「可是你數學很厲害，又很熱心，喜歡幫助老師跟同學啊！」

名達：「我常常看不到自己的這些優點，只是常常在氣自己什麼都做不好。」

小欣：「如果你對自己有信心的話，也許就不會那麼愛生氣了。」

名達：「好像是吧！下次到徐老師那邊時，我可以好好地問她，如何能讓自己更有信心。小欣，跟妳講話好開心，妳好會安慰人喔！」

小欣：「走吧，打掃時間到了，我們一起去打掃吧！」

名達：「好的。」

走著走著，看到力剛從教室跑出來，剛好摔了個四腳朝天，同學們都跑去安慰力剛，名達卻覺得力剛這個樣子太有趣了，忍不住笑了出來，但其實他並沒有嘲笑力剛的意思。

但是小佳看到了，覺得名達這樣的反應很不應該、很沒有同情心，就對名達說：「你這麼沒有同學愛，我要去告訴老師！」

你這麼沒有同學愛，
我要去告訴老師！

力剛心想，名達對他向來就沒有好意，本來就會講出不好聽的話，於是脫口說出：「他啊！狗嘴吐不出象牙啦！」

　　名達一開始覺得自己被誤會很委屈，力剛說的話又讓他感到很生氣，但剛剛自己忍不住笑出來也可能讓力剛覺得很受傷。名達知道不同的反應會帶來不同的後果，他決定先好好面對自己的情緒，於是他找到一處安靜的角落，開始靜下來感覺內心的感受，先是感受到生氣的感覺，接著也感覺到了委屈，然後也有抱歉的感覺。名達就像陪伴好友一樣，靜靜地陪伴著這些情緒，如果頭腦出現了負面想法，如「力剛實在太可惡了」，名達就會開始數數，然後再回來感受自己的心情，不一會兒這些情緒就漸漸散去了。回到教室，名達找機會跟老師說明這整個過程，老師對名達豎起了大拇指，讓名達感到很有力量。

先不要急著反應，
先跟情緒好好相處，
如果有負面想法，
就先數數，
等冷靜下來就可以
想出好辦法。

有一天，名達看到力剛一個人提了好重的水桶，就自告奮勇地去幫忙，當力剛跟他說謝謝時，他真的很開心。原來，能跟人和諧相處是這麼愉快的事，這還是第一次感受到呢！

第二天上課時，老師說：「昨天看到一件事讓老師很感動，那就是我看到名達主動幫忙力剛提水桶，對名達而言，這麼做並不是一件容易的事，有些大人可能都還做不到呢！所以請大家為名達鼓掌吧！」

上課時

我想表揚一下，名達同學打掃時會主動幫忙同學，表現很棒！

放學回家的路上，爸爸對名達說：「大人也會有情緒，情緒就像大海表面的波浪一樣，有時平靜、有時起風浪，嚴重時會有海嘯，但是媽媽和我對你的愛，其實就像波浪下面的海洋，不管海面是平靜還是有波浪，愛一直都在，而且又深又遠。」

「有時候我真的對你太兇了，我都無法控制自己的脾氣，又如何來要求你呢？媽媽和我都在學習如何控制自己呢！」

名達聽了好開心，感動的快要哭出來了。

有時候我真的對你太兇了，
我都無法控制自己的脾氣，
又如何來要求你呢？

生活中當然還是有一些事情會讓名達生氣，但次數已經沒有那麼多，也不那麼強烈。不論是生氣或是難過，他知道這些都不是問題，這本來就是生活的一部分，只是要慢慢學習如何跟這些情緒相處，以及如何適當的反應，如此一來，跟別人相處就容易多了。名達發現，自己愈來愈喜歡這樣的自己了呢！

學習手冊使用說明

- 本手冊的每一頁都可以跟孩子討論自己與主角相同或是不同的想法在哪裡，但必須避免教導式的討論，因為孩子內心世界期待的是被理解與接納。

- 在故事進行的過程中，會使用到學習單（第 19～26 頁），若孩子有填寫困難，則可以略過。填寫學習單時，可以請孩子猜猜看名達可能會有的反應，幫名達填上去；若孩子願意，也可以直接表達自己的想法或心情，不需要勉強孩子一定要作答。

- 情緒強度：如果該頁下方有「生氣」├┼┼┼┼┼┼┼┼┼┤ 這個圖，可以請孩子 0 1 2 3 4 5 6 7 8 9 10 評估一下該頁的名達會有多生氣，若自己碰到相同狀況時，又會有多生氣，可以從 0 分「沒有感覺」到 10 分「大失控」，圈選一個數字。如果孩子出現的大多是 0，則需注意是否有壓抑情緒的現象；如果大多是 9 或 10，則可能孩子的情緒反應較強烈，可以很委婉地跟孩子討論一下一般人大概會有什麼樣的反應（如可以選擇 3～6 的數字），但請不要急著希望孩子有所改變，孩子只要透過真正的了解，自己就會有所調整，這樣才是真正的改變。須避免讓孩子以為凡事都不應該生氣，如果孩子有「不應該生氣」的想法，就會習慣性的壓抑情緒。如果孩子無法想像數字的意思，可以讓他看看以下數字代表的意思，讓孩子參考：

  > 0「沒有感覺」1「有點討厭」2「有點煩」3「討厭」
  > 4「很煩」5「生氣」6「很生氣」7「非常的生氣」
  > 8「氣到無法忍受」9「氣炸了」10「大失控」

- 情緒累積：如果該頁下方有 ⊔ 這個圖，代表情緒的累積，孩子可以把前面的情緒數字累加上去，累積到 50 就滿了，表示人在這個狀態下容易失控。這樣做只是在讓孩子有情緒累積的概念，請輕鬆的帶過，不要執著於數字。

- 如果該頁左上方有黃色底的字，則是在說明情緒狀態或情緒管理的方法。

- 本手冊呈現的情緒狀態有：情緒強度、操弄性的情緒、情緒的累積、爆發前的身體微兆、原始的情緒反應方式：壓抑與直接宣洩、情緒地雷（事件）、陷入情緒、了解情緒的來龍去脈等。

- 本手冊呈現的情緒管理方法有：了解自己面對情緒的態度（否認？逃避？壓抑？陷入？同在？）、覺察情緒、接納情緒、情緒的表達、提升改變的動機、情緒紓解方法、選擇合理的想法、問題解決、忍者龜、角色扮演、系統減敏感法、自我對話、代幣制、暫時隔離法、暫停負面想法、跟情緒好好相處（同在）等。

・本手冊提供情緒管理的架構，在實際操作上則需要更細緻，以「操弄性的情緒」為例，須更進一步了解：如何辨識操弄性的情緒、處理操弄性情緒的原則、處理操弄性情緒的方法、孩子為什麼會有操弄性的情緒等。其他如上所述的情緒管理方法以此類推。

・本手冊第22頁提到的「紅黃綠燈」：紅燈代表還在生氣，此時不宜有任何行動；待生氣較緩解時是黃燈，非不得已仍然得按兵不動；等到完全冷靜下來，就是綠燈，就可以採取行動了。

・完成本手冊後，建議可以保留一些時日，之後再跟孩子一起回顧，讓孩子看到自己的進展，通常孩子不太能夠察覺自己的進步，可協助孩子看到改變帶來的好處，並提升其自我成長的動機，也會更加的有自信。

作者的話

　　每個孩子都希望自己是父母心目中的好孩子，期望自己各方面都能表現得宜，這需要有與年齡相符的「自我控制」能力。雖然「自我控制」能力隨著年齡逐漸在增長，但還是得透過與生活中實際面臨的問題來回交手、內心不斷的學習與成長，才能孕育出很好的抗壓能力與自我控制能力。因此，問題本身並不是問題，如何面對問題才是問題。

　　很多孩子一開始都有很好的動機，譬如期望自己有很好的表現，但有時卻因為自我要求太高，不容許自己犯錯或表現不好，變得容易自貶自責、自暴自棄，而形成了新的阻礙。若要避免這樣的情況發生，就需要協助孩子對自己有客觀的認識與合理的期待，並對負面情緒、負面經驗有正確面對的態度與因應方式。

　　本手冊希望能以淺顯易懂的方式，讓孩子能夠更加認識自己，除去不必要的障礙，並學習適當因應情緒的方式，這是撰寫的初衷。

　　本手冊以故事方式敘述一個有情緒控制困難的孩子，在生活中遇到的種種困難，並具體呈現主角在面對困難時的內在想法與感受，也描述其學習情緒管理的過程。因為故事內容十分貼切孩子的生活，因此成為很好跟孩子討論的素材，這樣的討論很容易讓孩子表達他／她自己內心的想法與感受，是一個容易進入孩子內心世界的管道。

　　每一個孩子都渴望被了解，當孩子感受到被了解與接納，自然就會萌生更強大的成長力量。

作者簡介

呂俐安

台灣大學心理學研究所碩士，是一位兒童臨床心理師，從事臨床工作達二十八年，擅長兒童心理衡鑑與心理治療。

繪者簡介

謝聆韻

花蓮人，畢業於輔仁大學臨床心理學系，從小喜歡畫畫，畢業後跨領域從事設計相關工作以及兼職插畫。

桌上遊戲系列 72341

生氣了，怎麼辦？情緒管理學習手冊

作　　者：呂俐安
繪　　者：謝聆韻
責任編輯：郭佳玲
總　編　輯：林敬堯
發　行　人：洪有義
出　版　者：心理出版社股份有限公司
地　　址：231 新北市新店區光明街 288 號 7 樓
電　　話：(02) 29150566
傳　　真：(02) 29152928
郵撥帳號：19293172　心理出版社股份有限公司
網　　址：http://www.psy.com.tw
電子信箱：psychoco@ms15.hinet.net
駐美代表：Lisa Wu（lisawu99@optonline.net）
排　版　者：辰皓國際出版製作有限公司
印　刷　者：辰皓國際出版製作有限公司
初版一刷：2019 年 9 月
I　S　B　N：978-986-191-878-5
定　　價：新台幣 180 元

■有著作權‧侵害必究■